Segelboot

von

Susann Bernstein

Segelboot

von

Susann Bernstein

Inhaltsangabe

Segelboot widme ich,

von ganzem Herzen,

Dir.

WELT
LEBEN
Blick

Als Du mein Zuhause warst

Ich denk so oft an Dich zurück,
als Du mein Zuhause warst.
Als Du mein Zuhause
Als Du mein
Als Du
Als ...

Als Du mein Zuhause warst.

Du warst meine Freiheit, mein Leben
und mein Glück.

Es war nicht nur so, sondern mehr, als
Du denkst.

Es war ein Schritt, eine Entscheidung, ein
Segel und ein Ruder.

Es war ein Geschenk.

Eine Reise meines Lebens.

Eine Reise des vergebens.

Eine Reise des Wiedererlebens.

Mit Herzblut und Eifer geht es immer
weiter um die Welt.

Ein Kind der See, das bin ich noch heute

und auch an Land gibt es was
zum Erleben.

Und wenn meine Sehnsucht nach Dir zu
groß ist,
zieht es mich immer wieder zu den
Flüssen und Seen.

Ich denke so oft an Dich zurück,
als Du mein Zuhause warst.
Als Du mein Zuhause
Als Du mein
Als Du
Als ...

Als Du mein Zuhause warst.

Als ich in Deinem stählernen Bauch,
in meiner Kabine, gelebt, geliebt und
gelacht habe.

Nur wenige Quadratmeter haben dafür
gereicht und das sogar für zwei.

Und als ich durch Deine Gänge schlich,
bis zwei Uhr nachts tanzte, in Deiner Bar
wir stundenlang Gespräche führten,
über das Leben philosophierten,

Träume besprachen und noch ewig an
Deck gesessen haben und wie kleine
Kinder den faszinierenden
Sternenhimmel bestaunten.

Da warst Du mein Zuhause,
bei Tag und bei Nacht,
bei Sturm und ruhiger See,
wir waren zusammen und
hatten Freud und Leid geteilt.

Du warst mein Zuhause für lange Zeit.

Ich denk so oft an Dich zurück,
als Du mein Zuhause warst.
Als Du mein Zuhause
Als Du mein
Als Du
Als ...

Als Du mein Zuhause warst.

Viele Menschen kamen und gingen, und
viele sind geblieben, fühlten sich wohl an
Bord dieses wunderbaren Schiffes.

Wie eine Lady, die mit den Wellen
tanzte, brachtest Du uns sicher von
Hafen zu Hafen.

Unermüdlich und im vollen Glanze
pflegten und hegten wir Dich alle.
Du warst unser Zuhause und das
vergisst man nicht mehr.

Und immer, wenn ich Deine Hymne
höre, bekomme ich Gänsehaut.

Ich denk so oft an Dich zurück,
als Du mein Zuhause warst.
Als Du mein Zuhause
Als Du mein
Als Du
Als ...

Als Du mein Zuhause warst.

Hand aufs Herz und mit Stolz, denk ich
heute noch gern an Dich zurück.
An die wunderschönen Orte, Menschen
und Momente, die ich erleben durfte,
als Du mein Zuhause warst.

Und heute sing ich gern in der
Endlosschleife diese Zeilen, weil ich all
das nicht vergessen mag.

Ich denk so oft an Dich zurück,
als Du mein Zuhause warst.
Als Du mein Zuhause
Als Du mein
Als Du
Als ...

ALS
ALS DU
ALS DU MEIN
ALS DU MEIN ZUHAUSE
ALS DU MEIN ZUHAUSE WARST.

Love

Das Schloss

Geschaffen im Glanze,
in schillernder Idylle,
vom Freigeist der Philosophie.

Im Tale der unberührten Natur.
Im Schutze der Berge,
im Klang der Musik.
Von Oktave zu Oktave,
selbst Fuchs und Hase hören gespannt
zu.

Die Lebendigkeit und Ruhe zugleich,
vereint in künstlerischer Muse.

Zu Hofe ohne Narren umgeben vom
Zauber der Natur.
Vom Freigeist der Philosophie
erschaffen, ein Wunderwerk mit
zauberhafter Melodie.

Balance

Im Zeitraffer der Vergangenheit,
zurückblickend auf das,
was hinter einem liegt.

In der Waagschale die Ereignisse,
Schaffenswerke und Erfahrungen und
dazu ein Gegengewicht fürs
Gleichgewicht.

Für die eigene Balance bei dem ganzen
Schwergewicht.

So viel mehr als das, was heute ist und
eigentlich hat es kein Gewicht, wenn du
selbst nicht glücklich bist.

Was nützen dir die guten Taten, die
Werke voller Liebe, die Taschen voll mit
Erfahrungen und Säckeweise von
Danksagungen, wenn dein Herz nicht im
Gleichgewicht ist?

Was ist denn so wichtig?
Fragt das Gegengewicht, was dafür
sorgt, dass die Waagschale im
Gleichgewicht ist.

Ich weiß es nicht, denkt sich der Rest
und lässt ein paar Dinge ziehen, die in
dem Moment nicht mehr so wichtig
erschienen.

Das Gegengewicht scheint jetzt schwerer
zu sein.

Da fällt ein Stein und noch einer und
viele mehr.

Die Waagschale ist nun leer und du
brauchst das Gegengewicht für deine
Balance nicht mehr.

Nun ist Platz für neue Abenteuer,
Schaffenswerke und Erfahrungen. Bis
jetzt wiegen sie noch nichts, also
brauchst du auch kein Gegengewicht
fürs Gleichgewicht.

Blick
LEBEN
Love
WELT

Die Zeit

In Anbetracht der Zeit,
die Zeit, die alles heilt.

Heilt die Wunden aus der
Vergangenheit, schmückt sie mit
Narben, wie eine Zierde die das
natürliche Gemälde unterstreicht.

Vielleicht, vielleicht heißt es gerade
deswegen, die Zeit, die alles heilt.

Vergessen, nein das tut sie nicht, als
Erinnerung bleibt die Narbe für das
vergangene Missgeschick zurück.

Mit liebe betrachtet ist sie wunderschön
und einzigartig, ein Einzelstück, ein
Meisterwerk, was dich daran erinnern
lässt:
Das mit der Zeit, alles heilt.

Ansichtssache

Da drehst du dich und wendest dich und
veränderst deine Sicht.

Aus jeder Richtung schaut es anders aus,
je nachdem wie du darauf schaust.

Die Sicht der Dinge ändern sich, mit
jedem Blick und Schritt aus
unterschiedlicher Sicht, entwickelt sich
das Verständnis für alles und nichts.

Am Ende ist es nur die Sicht auf das,
was zu verstehen ist.

Dann drehst du dich und wendest dich
mit einer ganz neuen Sicht auf das, was
nun besser zu verstehen ist.
Aus einer ganz anderen Ansicht.

Blick
Blick
Blick
Blick
Blick
Blick

Liebe

Es geht weniger um das richtig oder
falsch.

Vielmehr geht es um Magie.

Die Magie zwischen dem wie,
die feine Nuance, ein Lebenselixier, den
Glauben an das, was magisch sein kann
und seinen Zauber frei lassen kann.

LEBEN
WELT
Blick

Die Welt

Eines Tages wird die Welt so bunt sein
das, schillernde Farben vom
Himmel fallen und ihren Zauber der
Liebe, auf der Welt verteilen.

Eines Tages wird die Welt so friedlich
sein. Dass keiner sich mehr vorstellen
kann, wie es einst mal war, als Völker,
Länder, Menschen diese erbärmlichen
Kriege miteinander führten.

Eines Tages wird die Welt voller Liebe
sein. Wo einst Hass und Neid verweilten.

Eines Tages wird die Welt so bunt sein,
dass im Herzen der Menschen die Sonne
scheint.
Dann ist da kein Platz mehr für den
Feind.

Eines Tages, ja eines Tages wird die
Welt so anders sein. So bunt so friedlich
und voller Liebe.
So wird die Welt eines Tages sein und
nicht mehr nur so erscheinen.

Traumzeit

Wenn die Sonne im Abendrot die Träume für die Nacht verteilt, ist es Zeit, für einen Moment an Ort und Stelle zu verweilen.

Ein Leben ohne Liebe existiert einfach nicht

Wundersam oder sonderbar und dennoch einsam in der Zeit des Daseins, im Zeitraffer der Illusion. Vergeben des Lebens der Zeit die lange vergangen ist und dennoch kommt er ernsthaft, zu einer Zeit die unpassend ist und das mit etwas, was keine Zukunft gibt.

Es nimmt nur den Sinn, den Dingen die einem wichtig sind und an Wertigkeit verloren haben, weil das Leben nicht mehr dasselbe ist, was es einst mal war.

Es ist so sonderbar.

Wunder geschehen immer wieder auf
Sonderbare weise und gehen wie eine
Feder fernab von dem, was die Realität
ist. Und vergib denen, der die Fehler
nicht sehen mag.
Das Leben geht dahin, wo Feder und
Korn schon lange verloren sind. Und du
fragst dich, wo das Leben gerade steht?
Steht im Zeitraffer einer Lupe fest und
filtert das Detail des Moments in der
Sekunde, dass das, was eingefangen
wird, zu blühen beginnt.

Ein Leben ohne Liebe, ohne Lust, ohne
Kunst und ohne Feder, im Sein des Hier
und Jetzt, des Genießens als wäre es das
Letzte, was auf Erden das Sein
berechtigen lässt.

Denn das Leben ohne die Liebe
existiert einfach nicht.

LEBEN
Blick
WELT
Lore

Die kleinen Besonderheiten

Kaum zu sehen, unscheinbar und nicht
greifbar.

Dennoch von unschätzbarem Wert,
dessen Besonderheiten man nur mit
besonderer Aufmerksamkeit bemerkt.

Die kleinen Besonderheiten, die
einzigartigen Facetten, die Schatten
dessen Farben wir erst dann beginnen zu
zeichnen,
wenn wir diese bewusst bemerken.

Individualität

Nicht immer ist alles Bunt und schön.

Nicht immer ist der Heiligenschein ein
Sonnenschein.

Das Leben ist das Leben.

Eine Variante des Seins,
mit einem individuellen Schein.

Vergangenheit

Ich erinnere mich noch gut daran,
an das wie wunderbar das gewesen ist.

Der Moment so ziemlich entspannt,
lustig und aufregend zugleich.

Verrückt wie alles gekommen ist,
und wo ist die Zeit.

Die Zeit als ich dachte, du wärst …

… Du wärst alles, was ich brauche.

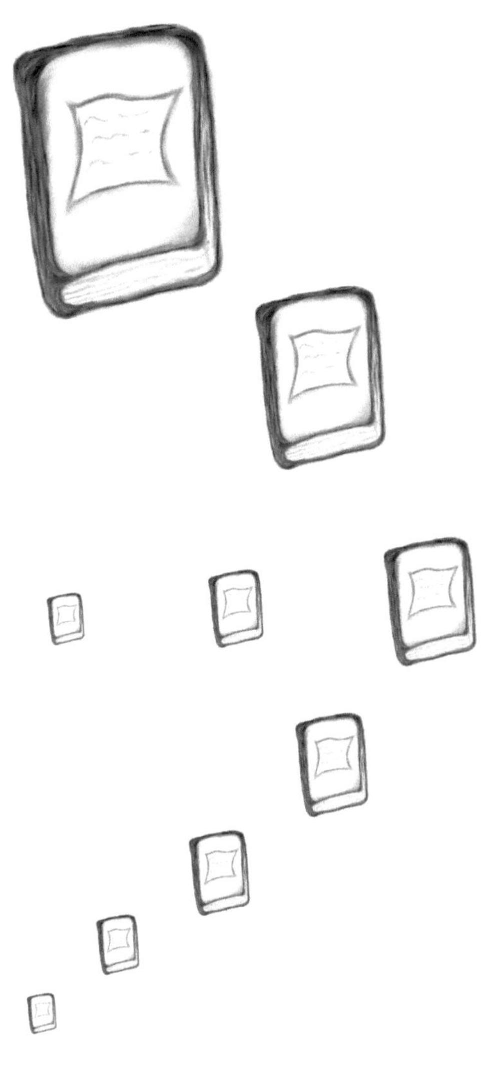

WELT
Love
LEBEN
Blick

Verstecken

Ich bin ein Meister des Versteckens
meiner selbst.

Ich gebe nicht gern Preis, was mein Herz
begehrt.

Dabei bin ich so sensibel, das ist nur die
Schutzmauer, die alles in mir
zusammenhält. Lass mich ziehen, wenn
es ok ist, irgendwann legt es sich.

Ich sag ja, ich bin ein Meister des
Versteckens, ein Meister des geheim
halten meiner selbst.

Ein Poet seinesgleichen, ein Dichter, ein
Künstler und ein Mensch obendrein.

Irgendwann öffne ich auch diese Tür,
verschlossen ist sie keines Weges.

Ich bin nur ein Meister im Verstecken,
meiner Gefühle, meiner selbst,
du musst mich schon gut kennen, um
mein Wesen zu verstehen.

Lieb mich, wie ich bin
oder
lass mich für immer gehen.

Segelboot

Leinen los, rief der Kapitän im
Segelboot.
Bei Wind und Wetter,
ohne Rettungsboot.

Die Liebe ist wie eine endlose Reise in
einem Segelboot.
Von stürmischen Zeiten bis zu den
Gezeiten und manchmal
muss man auf den Wellen reiten, die
uns mit einem romantischen
Sonnenuntergang zur Endless Love
begleiten.

Bei dieser Reise kann alles dabei sein.
Nur halt kein Rettungsboot.

Gut, manche mogeln ein bisschen, die
haben noch ein Ersatzboot dabei, mit
dem Gedanken, falls es schwierig wird,
einfach umsteigen.

Was ist denn schon dabei?

Manche finden einen schönen Hafen,
oder auch zwei,
manchmal ist auch ein Katamaran dabei,
manche haben es eilig, die kommen mit
dem Motorboot daher und manche
segeln lebenslang auf den Weltmeeren
umher.

Und jeder ist auf seine Art und Weise
glücklich dabei.

Ahoi wir müssen los,
rief der Kapitän im Segelboot.
Bei Wind und Wetter,
ohne Rettungsboot.

Mit der Liebe als Lotse geht es los.

Ein DANKE heißt auch
immer, schön dass es DICH
gibt.
Vergiss das bitte nicht.

Ich DANKE all den Menschen
die mich so LIEBEN, wie ich
bin, die in guten wie in
schlechten Zeiten nicht von
meiner Seite weichen.

Thanks

Vielen

Dank

Danke

Hvala

Malo

Spasiba

děkuji

Danke

Obrigado

Grazie

Bakker

Merci

Gracias

Asante

Tak/takk

Mersi

Pakka

Köszi

Kiitos

Kiitti

LEBEN
WELT
Blick
TRAUM

Bussi

LEBEN
Kurs
WELT
Blick

Kennst Du mein Buch „Die Poesie der Gedankengänge" schon?

Im Leben begegnen uns immer wieder Themen, die uns bewegen und unser Denken anregen. Was für den einen ein Denkanstoß ist, so sind es für den Anderen mitfühlende Emotionen und für den Nächsten wiederum ein Grund zum Philosophieren.

Die Poesie der Gedankengänge, mit ausgewählten Werken, ist für all die Freigeister, die es heute noch mögen in die Gedankenwelt der Dichtkunst einzutauchen und dieser zu frönen.

ISBN: 9783755739180

Erhältlich im Onlinebuchhandel und im BOD Buchshop:
www.bod.de/buchshop/die-poesie-der-gedanken-gaenge-susann-bernstein-9783755739180